DISCOURS

SUR
LA PRISE D'HABIT

DE

MADAME LA COMTESSE

DE RUPELMONDE,

AUX CARMELITES

De la rue de Grenelle, le 8 Octobre 1751.

Par M. POULLE, Abbé de Nogent,
Prédicateur ordinaire du Roi.

A PARIS,

DE L'IMPRIMERIE DE P. G. LE MERCIER,
rue S. Jacques, au Livre d'or.

M. DCC. LII.

Avec Permission & Approbation.

DISCOURS

SUR

LA PRISE D'HABIT

D E

MADAME LA COMTESSE

DE RUPELMONDE.

Tenebræ operient terram… & gloria ejus in te videbitur.

Les ténébres couvriront la furface de la terre… & la gloire du Seigneur reluira dans vous. *If. ch. 60. v. 2.*

MADAME,*

* LA REINE.

Si dans ces jours d'obfcurciffe-ment il femble que le Très-haut ait retiré fa main toute-puiffante, ce n'eft pas qu'il n'opére toujours les mêmes merveilles, & que du fecret inacceffible où il réfide, il ne laiffe échapper des rayons de fa gloire; ce ne font pas les prodiges qui manquent, ce font les yeux attentifs, c'eft la foi. Il fufcite en ce jour une femme forte, qui docile à fuivre les infpirations de l'Efprit Saint, facrifie fa jeuneffe & fa liberté; qui renonce généreufement au monde dans le tems même que le monde la prévient de fes faveurs; qui foule aux pieds les idoles de l'orgueil & de la cupidité; qui s'ouvre un chemin inconnu du centre de la Cour jufqu'à l'Autel du facrifice; qui s'avance à travers les affauts qu'on lui livre, les obftacles qu'on lui oppofe, les inftances qu'on redouble, les foupirs qu'elle entend, les larmes qu'elle

voit répandre ; & qui parmi les
débris & les dépouilles du siécle,
dont elle dresse un trophée, *& un*
monument d'oubli au Dieu vivant,
s'immole avec joie à la face du
ciel qui l'applaudit, & de la terre
qui la regréte.

Que cette sainte cérémonie est
bien digne d'attirer les regards
d'une grande Reine, qui a fait
asseoir la piété sur le thrône avec
elle ; d'un Prince auguste, dont le
ciel vient de récompenser les émi-
nentes qualités par la naissance
d'un Fils, l'objet de tous ses vœux,
& la plus ferme espérance de la Nation ; des Princesses que leurs hau-
tes destinées appellent à faire l'or-
nement & le bonheur de plusieurs
Royaumes ; d'une Cour enfin nom-
breuse & brillante, mais qui peu
accoutumée à des fêtes de Religion,
sortira vraisemblablement de ce

lieu moins désabusée des prestiges du monde, qu'attendrie du sort de cette courageuse Martyre de la charité.

Cependant, MA CHERE SŒUR, car vous nous permettrez dorénavant cette expression qui convient au renoncement que vous allez faire de vous-même, quelque pompeux que soit le spectacle de votre consécration, rien n'y peut remplacer les exemples continus d'édification que vous donniez sur le grand théâtre du monde ; ce n'est qu'une représentation fugitive de la gloire de Dieu ; dans quelques momens les ténébres succéderont ; c'est la gloire du Seigneur qui passe rapidement devant Moïse caché dans le creux de la pierre, & ne laisse après elle aucun vestige de son passage ; c'est Elie emporté sur un char de feu, dont Elisée, qui le ſuit à peine des yeux , voit tout à coup diſparoître la trace dans les airs ; c'eſt la ſplendeur imprévue qui enveloppe ſur le Thabor les trois Diſciples privilégiés , & qui en s'évanouiſſant les plonge dans une triſteſſe profonde. Ainſi, MA CHERE SŒUR , le ſujet de votre joie eſt le ſujet de notre douleur & de notre crainte : Par rapport à vous, Dieu couronne ſes miſéricordes paſſées , lorſqu'il vous attire dans la ſolitude , *gloria ejus in te videbitur* : Par rapport à nous, Dieu continue d'éxercer un jugement de juſtice , lorſqu'il vous éloigne du monde ; *tenebræ operient terram*. Ces deux Réfléxions feront le partage de ce Diſcours. Implorons les lumiéres de l'Eſprit Saint par l'interceſſion de Marie. *Ave Maria.*

MADAME,

I. POINT. Quoique la miséricorde divine embraffe & rempliffe l'univers ; que Dieu faffe lever indifféremment fon foleil fur les juftes & fur les injuftes, & qu'il nous fourniffe à tous des fecours proportionnés à nos befoins & à nos foibleffes, on ne peut cependant nier que dans cette maffe univerfelle il n'ait des vaiffeaux d'élection fur lefquels il répand avec complaifance fes faveurs finguliéres, qu'il ne difcerne fes amis par des graces de choix & de prédilection, & que s'il eft le Dieu des autres hommes, il ne foit plus particulierement & par excellence le Dieu d'Abraham, d'Ifaac & de Jacob. Cette miféricorde s'eft déclarée pour vous , MA CHERE SŒUR, aux commencemens de vos voies ; elle vous a protégée au jour de l'attaque, elle vous a garantie de la morſure du Dragon & du Baſilic ; aujourd'hui même elle vous fixe dans un lieu de repos & de ſureté, toujours admirable à votre égard, ſoit en vous préſervant de la contagion du monde, ſoit en vous ſéparant du monde même. Arrêtons-nous à ces deux époques mémorables ; elles ſeront l'objet de notre attention, comme elles ſont l'objet de votre reconnoiſſance. A ces vérités conſolantes nous ajoûterons quelques inſtructions ſalutaires ; nous vous parlerons des dangers & des obligations de l'état que vous êtes ſur le point d'embraſſer.

Il eſt bon de vous prévenir, MA CHERE SŒUR, dans le récit des miſéricordes du Seigneur, nous ne pourrons nous diſpenſer de renouveller en paſſant vos anciennes

douleurs, & de retracer l'image
de vos vertus : nous attaquérons &
votre fenfibilité & votre modeftie;
mais fupportez patiemment notre
indifcrétion apparente, & faites
réfléxion qu'il s'agit de la gloire de
votre divin Epoux, dont nous de-
vons publier les merveilles les plus
fecrettes ; que ces occafions écla-
rantes font rares; que ce feroit tra-
hir trop ouvertement notre mi-
niftere, que de ne pas les employer
à l'édification des mondains. Il faut
en ce jour folemnel, vous oublier
entierement vous-même ; paroître
dans un état d'anéantiffement & de
mort, & ne revivre que pour vous
immoler à jamais aux pieds de ces
Autels, garans de vos promeffes
irrévocables.

Dans le cours ordinaire de la
providence, le fouverain Domina-
teur des hommes affigne à chacun

d'eux en particulier un état immuable, dont il leur défend de sortir : il interrompt quelquefois cet ordre établi, & lorsqu'il veut donner des leçons frappantes de fidélité & de perfection, il produit ses élûs sous diverses formes ; il ne leur communique ses volontés qu'à mesure qu'elles s'exécutent ; il les appelle tour à tour au monde & à la retraite, à la retraite & au monde ; il les fait concourir à ses vues par deux vocations réellement distinctes entr'elles ; l'une passagere, dépendante des circonstances, & qui n'a qu'un tems limité ; l'autre, permanente, & qui s'étend jusqu'à la consommation de la vie ; la premiere relative à la seconde ; toutes les deux essentielles au salut, toutes les deux renfermées dans l'économie de la prédestination.

Telle a été la destinée de cette

Epoufe de Jefus-Chrift, d'abord le
monde, enfuite la Cour. Par quels
détours, grand Dieu, la conduifiez-
vous au Cloître ? De l'Egypte à la
Terre promife , quelle diftance !
quelles épreuves ! Elle entre contre
fon penchant dans cette carriere
bordée de piéges & de précipices :
elle ignore le terme où ce fentier
épineux aboutit : dès les premiers
pas qu'elle y fait, elle s'y trouve
arrêtée par des chaînes que la grace a pris foin de refferrer : fa foi ju-
rée à un Epoux que fa naiffance, fa
valeur, & fes vertus rendent digne
d'elle ; un gage cher & précieux
de cette union fainte , font autant
de liens & d'ôtages qui la retien-
nent dans le fiécle. Ne femble-t'il
pas , Chrétiens Auditeurs, que les
deffeins du ciel fur cette ame choi-
fie ne fçauroient déformais s'ac-
complir ? Au moment marqué par

ſes décrets éternels, le Dieu puiſſant & jaloux aura le ſecret de retirer l'Arche du pays des Philiſtins & de la tranſporter dans ſon tabernacle ; & s'il eſt néceſſaire, pour préparer les voies , de frapper de grands coups , des coups ſenſibles, l'E-poux. . . . . l'Enfant. . . . . L'Epouſe chrétienne pleure les victimes & adore le Sacrificateur : moins mal-heureuſe toutefois dans ſon afflic-tion , ſi ces pertes redoublées a-voient terminé ſa ſervitude ; mais non, Dieu ne permet pas que cette autre Judith ſe condamne à l'ob-ſcurité, il la réſerve à de nouvelles épreuves : la Cour doit être l'exer-cice & le triomphe de ſa vertu.

Au ſeul mot de la Cour , Chré-tiens Auditeurs , ſe réveillent dans votre eſprit les idées les plus flat-teuſes ; vous vous la repréſentez ſous l'image du temple de la volupté, de l'orgueil & de la molleffe ; ces traits généraux peignent mieux le monde que la Cour. On n'y va pas chercher les plaifirs, hélas ! on auroit plutôt à fe défendre de l'ennui. On n'y va pas chercher les diftinctions; la fplendeur primitive du Thrône y éteint tout éclat qui n'eft qu'emprunté ; la majefté du Maitre y attire feule les regards & les hommages ; les dieux du fiécle y font confondus avec la foule fervile qui par tout ailleurs les encenfe ; ils dépofent en y entrant leur grandeur & leur fierté, & ils ne les reprennent que lorfqu'ils en fortent. Se flatteroit-on d'y trouver les douceurs & les aifes de la vie ? les habitans de ce féjour s'eftiment trop heureux d'y camper fous des tentes : ils ne connoiffent ni le fommeil ni la tranquillité ; toujours contraints, toujours diftraits, toujours hors d'eux-mêmes, entraînés par un tourbillon rapide, ils vont fans deffein, fans plaifir, & les amufemens du Prince font les fatigues des courtifans. Sans l'ambition & fans l'intérêt, les Cours des Rois ne feroient pas fi fréquentées; comme ces paffions y font excitées par la grandeur des récompenfes, & gênées en même tems par la préfence du Souverain, & par la pénétration des concurrens, elles n'en font que plus vives & mieux déguifées : ainfi ce qui caractérife les vrais courtifans, ce qui dans la même nation en fait une nation féparée du refte des fujets, & différente de mœurs & de langage, c'eft la foif immodérée de dominer & de s'enrichir, jointe à la duplicité ; c'eft cet art funefte, où ils excellent, de donner perpétuellement le change, de ne paroître occupés que de leurs plaifirs , tandis qu'ils ne fongent qu'à leur fortune ; de tourner leurs défauts en agrémens; de prêter aux vices des couleurs qui les embelliffent ; de fubftituer à la vérité & aux fentimens, des paroles artificieufes & des proteftations fimulées ; de mettre en œuvre les profondeurs & les rufes de l'intrigue ; d'affecter des manieres libres & aifées, qui ne promettent que candeur & que bonne foi ; de cacher les chagrins fous un vifage riant ; de mafquer la haine des dehors de la politeffe , & de nuire dans les ténébres, en faifant femblant d'obliger au grand jour. Les bénédictions font fur leurs lévres , *ore fuo benedicebant.* Les malédictions font dans leur cœur, *corde fuo maledicebant.* A les voir fi attentifs, fi prévenans, fi officieux, on diroit qu'ils ne compofent tous enfemble qu'une

qu'une seule famille, dont les intérêts sont les mêmes. Percez cette
apparence trompeuse, vous décou-
vrirez dans ces amis prétendus autant d'envieux & de rivaux, qui
n'aspirent qu'à leur destruction
mutuelle; leurs perfidies & leurs
noirceurs les feroient détester, s'ils
ne possédoient le talent dangereux
de séduire & de plaire.

Eh ! qu'avoient de plus odieux
les citoyens de Cédar? Comme eux
ils étoient faux dans leurs discours,
& trompeurs dans leurs promesses;
comme eux, ils haïssoient la paix;
comme eux, ils persécutoient im-
pitoyablement les serviteurs de
Dieu; & cependant ils épuiserent
la patience du Prophéte, qui ne
pouvant plus endurer leur maligni-
té & leurs contradictions; se plai-
gnit au Ciel de la longueur de sa
captivité; sa priére fut exaucée;

Ma chere Sœur, vous n'eutes pas
la même consolation. Envain di-
siez vous à Dieu avec Esther. « Sei-
» gneur, qui êtes seul notre Roi,
» assistez - moi dans l'abandon où
» je suis, puisque vous êtes le seul
» qui puissiez me secourir. Les pé-
» rils qui me menacent sont pres-
» que inévitables ; vous sçavez la
» contrainte où je me trouve, &
» qu'aux jours de magnificence &
» de pompe, j'ai en horreur les
» ornemens somptueux , ouvrages
» de la vanité & du luxe, & que
» je ne les porte pas dans les jours
» de mon silence. Vous sçavez que
» mon cœur n'a jamais participé
» aux fêtes prophanes des ennemis
» de votre loi , & que depuis le
» tems que vous m'avez amenée
» en ce Palais jusqu'à ce jour votre
» servante n'a gouté de satisfaction
» que dans la pratique de vos saints

» Commandemens. O Dieu tout-
» puiſſant, au-deſſus de tous, écou-
» tez la voix de celle qui n'eſpere
» qu'en vôtre ſecours, ſauvez moi
» de la malice des méchans, & re-
» tirez moi de cette région d'illu-
» ſion & de menſonge. » Vos plain-
tes, vos gémiſſemens furent ſans
effet; il eſt vrai que la miſéricorde
ne vous abandonna pas. Votre devoir vous attachoit au ſervice d'une
Reine, la conſolation de l'Egliſe,
l'amour des peuples, le modéle des
Chrétiens, l'appui des malheureux,
la ſource des proſpérités du Royaume; en contemplant de près l'aſ-
ſemblage de ſes rares vertus, vous
oubliiez preſque que vous étiez à
la Cour; vous retrouviez Jéruſa-
lem dans Babylone; vous n'aviez
qu'à ſuivre votre Souveraine, les
principaux devoirs du Chriſtianiſme étoient remplis; prieres fer-

ventes, entretiens édifians, lectures pieuses, fréquentation des Sacremens, assiduité au Service Divin & au ministere de la parole, assemblées de charité ; ces saintes occupations si tristes, si désagréables pour tant d'autres, & si douces pour vous, ouvroient & fermoient le cercle des journées que vous passiez auprès de votre auguste Maîtresse ; & dans les intervalles de liberté, lorsque rendue à vous-même, & loin de la Cour, il vous étoit permis de vous livrer à l'ardeur de votre zéle, vous ajoûtiez à ces mêmes exercices de piété, plus de mortifications, & plus de simplicité dans la parure, vous alliez aux prisons & aux hôpitaux effacer les impressions que la figure éblouissante du monde auroit pu faire malgré vous-même sur votre esprit & sur vos sens ; & ce qui

étoit le plus cher à votre cœur ;
vous meniez une vie retirée &
toute cachée en Jesus-Christ. Ces
précautions étoient nécessaires à
votre sureté, mais qu'elles sont ac-
cablantes ! On consume à se défendre un tems qu'on voudroit employer à sa propre perfection. Ces
combats journaliers lassent & fati-
guent ; les victoires mêmes affoi-
blissent, & sont quelquefois dou-
teuses ; il ne faut qu'une distraction
& un moment de surprise, pour
faire évanouir des années de sainteté ; est-on sûr de persévérer jusqu'à la fin ? Et qui sçait si l'on n'accorde pas à la vanité ce qu'on croit
ne donner qu'aux bienséances ; si,
par trop de complaisance & de
ménagement, on ne trahit pas les
intérêts de la vérité ? Connoît-on
les dispositions intimes de son cœur,
en fouille-t-on jusqu'aux plus se-

crets replis, & peut-on répondre de la pureté de sa vertu, quand on respire un air contagieux & mortel à l'innocence? Ce ne sont pas ici des scrupules qui naissent de l'ignorance & de la foiblesse de l'esprit, ce sont des craintes bien fondées, des craintes qui viennent des lumieres mêmes de la conscience.

» Réjouissez - vous, vous qu'on » pouvoit appeller à plus d'un titre » *l'affligée*, & qu'à l'avenir on nom- » mera *la bien aimée du Seigneur*, » réjouissez - vous; ces retours fréquens de la Cour à la Ville, de la Ville à la Cour; ces alternatives inquiétantes de recueillement & de dissipation, de silence & de tumulte vont cesser; « votre Sauveur » approche, il porte avec lui votre » rançon; il vous revêtira des vête- » mens du salut, & il vous parera

» des ornemens de la juſtice ; que
» le Carmel en treſſaille de joye :
» & vous, Sion, Ville forte, dont
» Dieu lui - même eſt la muraille
» & le boulevart, ouvrez vos por-
» tes, qu'un peuple ſaint y entre,
» un peuple obſervateur de la vé-
» rité. »

Ce myſtére de miſéricorde ne s'eſt pas conſommé ſans peine & ſans alarmes. La promulgation de l'ancienne Loi ſur le Mont Sinaï, ſe fit au milieu des éclairs & du tonnerre ! La Loi d'amour fut publiée dans le Cénacle parmi les flammes & un grand bruit, *comme d'un vent impétueux qui venoit du Ciel.* Figures expreſſives des changemens extraordinaires qui s'opérent dans les ames ; ils ſont toujours précédés des agitations de l'eſprit & du trouble du cœur. La grace de la ſeconde vocation, qui du ſiecle appelle à la retraite, produit à peu près les mêmes effets que la grace de la conversion; il n'y a de différence que dans les objets; de part & d'autre des commencemens laborieux, des orages intérieurs, des liaisons à rompre, des sacrifices à faire, des combats à soutenir, le respect humain à braver, de nouveaux desirs, d'autres pensées, une révolution générale soit au-dedans soit au-dehors; de part & d'autre avant l'exécution, des doutes, des perplexités, des larmes; après l'accomplissement, la confiance, le calme, la joie. Ces différentes situations vous font connuës, MA CHERE SŒUR, vous avez été sensible à certains sacrifices, vous n'en avez pas été ébranlée; votre unique inquiétude étoit de vous assurer de la volonté de Dieu; depuis long-temps un attrait invincible

vous

vous portoit vers la solitude ; il ne suffisoit pas pour autoriser une démarche importante & décisive , qui par sa singularité devoit vous être suspecte , & qui exigeoit des précautions infinies , & un examen approfondi ; l'attrait seul n'est pas la marque infaillible de la vocation ; une voix pressante vous sollicitoit de faire divorce avec le monde ; nouvel embarras ? Est-ce éloignement naturel ? Est-ce amour du repos ? Est - ce rafinement de spiritualité ? Est-ce inspiration du Ciel ? Est-ce conseil de l'amour propre ? Il est aisé de s'y méprendre. l'Ange de ténébres se travestit souvent en Ange de lumiere ; il règle ses attaques sur nos penchans , & lorsqu'il désespére de séduire par les amorces du plaisir , il tâche de surprendre par les illusions de la piété. Dans cette nuit profonde qui

C

vous préfentoit ou des réalités ou des phantômes, incertaine de votre deftination, & craignant également d'être infidéle, vous n'ofiez ni demeurer en fufpens, ni prendre une détermination ferme & affurée ; tantôt vous confultiez les dépofitaires des fecrets de votre confcience ; tantôt vous demandiez à Dieu qu'il daignât parler plus clairement à votre cœur.

Il s'eft expliqué, MA CHERE SŒUR; calmez vos craintes, vous a-t-il dit, c'eft moi qui vous infpire, votre exil eft fini ; quittez un féjour dont les abominations offenfoient vos regards ; ma miféricorde me preffe de fatisfaire vos defirs, & l'intérêt de ma gloire le demande ; avant vous, plufieurs filles de Sion ont dit un éternel adieu au monde, dont elles n'avoient éprouvé ni les viciffitudes ni la corruption ; elles

ont fanctifié leurs premieres années par une alliance indiffoluble
qu'elles ont contractée avec moi
dans la fimplicité de leur cœur ;
leur facrifice étoit agréable à mes
yeux , mais il ne m'honoroit que
foiblement devant les hommes ; ils
l'attribuoient aux caprices de l'âge ,
aux préjugés de l'éducation , au dé-
faut d'expérience , à des infinua-
tions purement humaines. Avant
vous plufieurs femmes de Jérufa-
lem , pouffées par le vent de la grace , font entrées dans ces ports de
falut ; après des naufrages réitérés
elles y ont mis leur converfion &
leur pénitence à couvert des tentations extérieures & de l'inconftan-
ce de leur caractere : leur repentir
m'a fait oublier leurs infidélités ,
je les ai admifes au nombre de mes
Epoufes. Mais le monde, interpréte
malin des actions & fur tout des

actions vertueuses, a cru trouver la cause de leur changement dans quelque dépit secret, ou dans la honte de survivre à leur réputation & à leur honneur. Vous rassemblez le double avantage des épreuves persévérantes & de l'innocence conservée ; aussi j'attends de vous une offrande plus méritoire & plus pure ; une offrande qui vous coûte des regrets, & ne vous coûte point de remors : ces amis qui vous étoient unis par la religion & par la conformité de mœurs ; ces parens qui faisoient la consolation & la douceur de votre exil ; cette mere si tendre à qui votre triste séparation arrachera des larmes qu'il n'y aura que moi qui puisse tarir ; cette Reine… n'en doutez pas, elle admirera, elle imitera votre courage ; elle viendra elle-même m'offrir dans vous les prémices chéries du

troupeau qu'elle forme tous les jours à Jefus-Chrift. » Vous con-
» noiffez ma volonté ; fouvenez-
» vous de mon ferviteur Abraham,
» & fuivez-moi fur la montagne.
» *Veni electa mea*. Je vous dédom-
» magerai avec ufure de ces fépa-
» rations douloureufes. *Veni, co-*
» *ronaberis*. »

Répondez à préfent, MA CHERE
SŒUR, n'avez-vous pas trouvé Dieu
fidéle en toutes fes promeffes ? votre fanté ne s'eft - elle pas fortifiée
par les mêmes auftérités qui fem-
bloient devoir l'altérer ? ne goûtez-
vous pas cette paix délicieufe que
le monde ne fçauroit donner , &
qui ne peut être que le fruit de la
bonne confcience ? des années en-
tieres écoulées dans les Palais des
Rois valent-elles un feul jour paffé
dans la maifon du Seigneur ? que
fera-ce d'y paffer tout le tems de

C iij

votre pélerinage. Jouissez-y du spectacle sacré offert à votre admiration ; votre habitation transformée en un temple ; Dieu qui préside à l'assemblée des justes ; l'Esprit saint qui verse la plénitude de ses dons & de ses lumieres ; des Anges dans des corps mortels ; un silence de recueillement & d'adoration ; des prieres ardentes & rarement interrompues ; les louanges du Seigneur sans cesse renouvellées ; la bonne odeur de Jesus-Christ répandue de toutes parts ; tous les cœurs réunis & confondus dans la même charité ; une paix inaltérable ; une émulation de sainteté ; la joie de l'ame ; une félicité sans amertume ; point de déguisement, point de rivalité, point de jalousie. Si l'on ôtoit de cet état les ombres & les voiles, qui vous empêchent de contempler à découvert la majesté du

Tout-puissant ; si l'on en retran-
chôit l'incertitude, les combats, les
austérités qui augmenteront le tréfor de vos mérites, sans changer de
lieu, vous ne feriez plus sur la terre, vous feriez dans le ciel.

D'où peut donc naître, Chrétiens Auditeurs, votre étonnement
à la vue de ces chastes Epouses du
Très-haut, qui se sont dévouées aux
rigueurs de la pénitence ? Consul-
tez votre foi ; n'ont-elles pas pris
le parti le plus sûr, le plus confo-
lant, le plus tranquille ? & dans le
fond, n'êtes-vous pas les seuls à
plaindre ? En effet, est-ce acheter
trop cher le Royaume des Cieux,
que de donner en échange une liberté trop souvent dangereuse, &
quelques biens périssables, auxquels
on ne peut s'attacher sans usurpa-
tion & sans crime ? Oui, mes chers
Freres, Dieu vous a mis sur la

terre comme des Pontifes, le glaive évangélique à la main, pour y être exercés, pour immoler ; s'il vous livre des biens, il vous en permet l'ufage, il vous en interdit la cupidité ; il les accorde à vos befoins réels, il les refufe à vos defirs & à votre molleffe, il vous prive de votre fuperflu, il en fait le patrimoine des pauvres ; s'il vous revêt de dignités & d'emplois, il les deftine à l'utilité publique, il veut que vous en rempliffiez les obligations, & que vous en méprifiez les diftinctions & le fafte : s'il vous place parmi les hommes, il fouffre que vous les aimiez, il vous l'ordonne même ; mais il prefcrit des bornes étroites à cet amour, il l'affujettit, il le fubordonne ; il le dénature ; détachement univerfel, rien n'en eft excepté ; plaifirs, honneurs, richeffes, amis, parens, époux, enfans, pere, vous-même, tout eſt ſoumis à cette loi ; tout eſt la matiere eſſentielle de ce ſacrifice : la moindre réſerve ſeroit une eſpèce d'idolatrie, il en coute bien moins d'y renoncer tout-à-fait ; une privation entiere & irrévocable n'eſt qu'un ſeul coup, héroïque à la vérité, & preſque égal au martyre ; mais enfin, ce n'eſt qu'un ſeul coup qui détruit en un inſtant les victimes ; c'eſt un ſeul ſacrifice qui fait fuir les objets pour toujours, les tranſporte loin de nous, & ne nous laiſſe à craindre d'autres tentations que nous-mêmes. Le détachement évangélique doit ſubſiſter dans le ſein même de la poſſeſſion & des périls ; c'eſt un ſacrifice de tous les momens, qui exige des ſoins & des efforts continuels. Ne ſe contenter que juſqu'à un certain degré, meſurer ſon amour, modérer ſes defirs, ne faire dans le monde que de courtes apparitions , & encore par néceſſité & par bienſéance ; s'en éloigner par prudence & par précaution ; imiter, ſuivant le conſeil de l'Apôtre , l'exemple de ces voyageurs , qui paſſent & ne s'arrêtent pas , habitans de tous les pays, citoyens nulle part ; indifférens pour ce qu'ils rencontrent ſur leur route ; être toujours entre le permis & le défendu , entre ſes beſoins & ſes paſſions , entre uſer & ne point jouir , entre les objets & l'attachement , entre les tentations & ſa foibleſſe , ne pas franchir ces limites preſque imperceptibles, ne pas confondre des points ſi délicats, ne pas faire de mépriſe conſidérable : que d'attention ! que de contrainte !

Que Marthe ſe trouble , MA CHERE SŒUR , qu'elle s'inquiéte

de mille soins inutiles & fatiguans, paisible avec Marie aux pieds de votre adorable Sauveur, vous recueillerez avidement les paroles de vie qui sortiront de sa bouche; elles seront les délices & la nourriture de votre cœur : loin du tumulte, des tentations & des scandales, & à l'aide puissante de la grace, vous verrez s'élever l'édifice de votre salut avec tranquillité & avec confiance.

Nous ne vous le dissimulerons cependant pas. L'état que vous embrassez a des dangers, & des dangers, nous osons le dire, plus à craindre pour vous que pour tout autre ; le plus redoutable, sans doute, est le passage subit des orages violens où vous étiez exposée, au profond repos dont vous allez jouir. Si les grandes tentations ont leurs inconvéniens, elles ont aussi leurs avantages ; elles annoncent le péril, elles attaquent la religion dans ce qu'elle a d'effentiel ; la foi alarmée pouffe alors un cri qui nous réveille de notre affoupiffement ; il n'y a point de milieu, nous ne pouvons éviter de périr ou de nous défendre ; c'eft le tems de la perfécution, pendant lequel les Chrétiens étoient forcés d'opter de l'apoftafie ou du martyre. Le calme, au contraire, couvre & cache les dangers ; on s'endort témérairement fur les apparences d'une fauffe fécurité ; les tentations font foibles, & par conféquent elles n'effrayent pas, les infidélités font légeres, & par conféquent elles font plus difficilement apperçues : on fe livre fans précaution aux traits d'un ennemi dont on ne fe défie plus ; de-là, dans quelques-unes des vierges confacrées au

Seigneur, les dégouts, la tiédeur, le relâchement ; de-là, cette recherche affectée d'elles - mêmes, cette attention à satisfaire leurs goûts fur le prétexte fpécieux qu'à la rigueur ils ne font pas condamnables ; de-là vient enfin que les fantaifies des perfonnes vouées à la retraite ont la vivacité & la fureur des paffions des mondains : toute leur ame qui n'eft pas diftraite d'ailleurs, fe ramaffe, pour ainfi dire, dans leurs defirs ; & fi elles ne perdent pas toujours la grace, elles perdent du moins la délicateffe & la paix de la confcience.

La feule vigilance, MA CHERE SŒUR, vous garantira de ces écueils ; veillez affiduement à votre défenfe, *fuper cuftodiam tuam fta ;* & vous reconnoîtrez bientôt que dans la folitude même nous avons plus d'ennemis à craindre & de devoirs à remplir que nous ne penfons. Vous trouverez une imagination vagabonde qu'il faut ramener de fes écarts, un efprit volage qu'il faut rappeller de fa diffipation ; un cœur prompt à s'échapper qu'il faut garder foigneufement ; des fouvenirs importuns qu'il faut effacer ; une volonté accoutumée à fe gouverner elle-même, qu'il faut foumettre au joug de l'obéiffance ; des goûts frivoles qu'il faut éteindre ; des defirs égarés qu'il faut diriger ; des fens rebelles qu'il faut crucifier & réduire en fervitude ; une régle auftère qu'il faut obferver de point en point, & avec une exactitude rigoureufe ; un tems court & précieux dont il faut profiter ; une éternité invifible & éloignée qu'il faut rapprocher de vous, & vous rendre préſente de plus en plus. Vous ne vous bornerez pas à ces obliga- tions communes ; la meſure des graces reçues, ſera la meſure de votre ardeur. Après les dons ſigna- lés dont Dieu vous a comblée, il a droit d'attendre de vous la plus ſu- blime perfection. Mais ce n'eſt ñi dans de plus grandes auſtérités, ni dans une multiplicité d'œuvres de ſurérogation qu'elle conſiſte ; ces diſtinctions marquées ne ſervent ſouvent qu'à nourrir l'amour-pro- pre, & à flater la vanité. La per- fection que l'on vous demande, eſt la régle pratiquée avec une ferveur conſtante : que la charité embraſe donc votre ame ; qu'elle anime vos priéres ; qu'elle donne du prix à vos mortifications & à vos jeû- nes ; qu'elle ſoit la vie de toutes vos actions ; qu'autant qu'il eſt poſſible elle vous acquitte envers Dieu de ſes bienfaits ineſtimables.

Dans les sentimens d'une vive reconnoissance, vous ne vous lasserez pas de lui répéter ; Seigneur, vous avez eu pitié du malheureux esclavage où gémissoit votre servante ; vous avez rompu tous les nœuds qui m'attachoient au monde, nœuds du sang, nœuds d'amitié, nœuds d'engagemens, nœuds de bienséance, nœuds d'emplois, nœuds d'affaires temporelles ; que de chaînes brisées à la fois, & par votre seule miséricorde ! *Quia ego servus tuus, dirupisti vincula mea.* Puis-je faire un meilleur usage de la liberté que vous m'avez rendue, que de vous la consacrer sans partage & sans retour ? Je sens tout le bonheur de ma derniere vocation ; je ne vivrai que pour vous, je ne vivrai que dans vous, je ne vivrai que de vous ; plus de distraction, plus de momens perdus ; tous les

instans

inſtans de ma vie feront employés
à méditer votre loi célefte & bien-
faifante ; à la mettre en pratique,
à vous facrifier une hoftie perpé-
tuelle de louanges & d'actions de
graces. Mes lévres ne s'ouvriront
que pour implorer votre fecours,
ou pour bénir vos miféricordes.
Tibi facrificabo hoftiam laudis , &
nomen Domini invocabo.

Pour nous , Ma chere Sœur ,
témoins de la grandeur & de la gé-
nérofité de votre facrifice, nous ne
ceſſerons de publier la gloire du
Très-haut , qui a déployé en votre
faveur la force de fon bras ; il a
diſſipé les projets & les complots
de vos ennemis. *Cantemus Domino,*
gloriosè enim magnificatus eft. Outré
de dépit , l'efprit tentateur avoit
déja dit en lui-même , elle ne m'é-
chappera pas , je dreſſerai embûches fur embûches , j'étalerai à fes

D

yeux les plaisirs & les fêtes d'une Cour qu'elle habite ; je sémerai d'écueils cette mer orageuse où elle vogue ; j'aiguiserai les langues des libertins , ils lanceront contre elle les traits perçans de leurs railleries & de leurs censures ; soit artifice , soit séduction , soit foiblesse , soit crainte , soit respect humain , elle donnera tôt ou tard dans les piéges que je lui tendrai. *Dixit inimicus , evaginabo gladium meum , persequar, comprehendam.* Le Seigneur a divisé les flots irrités , qui sous sa main sont devenus immobiles; il vous a ouvert un libre passage , *stetit unda fluens.* Et portée sur les ailes de la charité , vous vous êtes refugiée dans cette sainte demeure , *portasti ad habitaculum sanctum tuum.* Qui est semblable à vous, ô mon Dieu ! qui est semblable à vous ! Vous vous plaisez à conduire vos élus

par des voies furprenantes & fin-
gulieres ; vous les faites briller pendant quelque temps fur la fcène du
monde, & vous les enfeveliffez un
moment après dans l'ombre de la
retraite ; du même coup vous fau-
vez & vous perdez ; le même pro-
dige eft le falut des Ifraélites & la
deftruction des Egyptiens. *Quis fimilis tuî, Domine, quis fimilis tuî,
magnificus in fanctitate, terribilis !*
Ainfi vous retirerez infenfiblement
vos élus du milieu des nations, &
vous les établirez fur cette montagne, qui eft d'une maniere plus
fpéciale votre héritage. Vous les
cacherez dans le fecret de votre
fanctuaire inébranlable, pour les
mettre à couvert des infultes & des
attaques étrangeres. *Introduces eos,
& plantabis in monte hæreditatis tuæ,
fanctuarium tuum, Domine, quod
firmaverunt manus tuæ.* Tandis que

vos ennemis accablés ſous le poids de votre indignation ſécheront de frayeur & d'épouvante. *Irruat ſuper eos formido & pavor.* Et voilà, Chrétiens Auditeurs, le jugement de juſtice que Dieu continue d'exercer ſur nous. Seconde inſtruction que nous fournit la cérémonie préſente, & le ſujet de la derniere partie de ce Diſcours.

II. Partie. LE juſte diſparoît tout à coup ; que ce ſoit la mort ou la vocation qui le raviſſent au ſiécle, il eſt également perdu pour le monde ; il périt, dit le Prophéte, il eſt enlevé du commerce des hommes, & perſonne n'y fait attention. Loin d'être effrayé de ces diſparitions fréquentes, on les met au rang des événemens ordinaires & indifférens, dont on ne cherche pas à découvrir la cauſe : on ne voit pas que la

souftraction des juftes eft une cala-
mité publique, & l'un des fléaux
les plus terribles, qui foit dans le
tréfor des vengeances du Seigneur;
puifqu'en retirant fes ferviteurs du
milieu de nous, Dieu nous prive
tout à la fois & de leur protection
& de leurs exemples.

Les élus font l'objet principal des
deffeins de Dieu, dans l'ordre même de la nature ; c'eft pour eux
que tout a été créé; c'eft pour eux
que tout fubfifte ; eux feuls ont des
droits inconteftables fur les ouvrages du Créateur : fans eux le monde ne feroit qu'un féjour impur,
indigne des attentions de la providence. Leur préfence confacre cette
terre profanée, elle redonne à l'univers fa premiere dignité ; elle couvre la multitude des pécheurs & les
dérobe aux traits de la colere célefte. Auffi quand le Seigneur ne veut

point trouver d'obstacle à sa fureur, il a soin d'écarter ses serviteurs fidéles. Leur départ est presque toujours le signal de sa vengeance. Les enfans des hommes ont comblé la mesure de leurs crimes ; leur perte est résolue ; un juste se rencontre sur la terre , il suspend l'activité de la colere divine : qu'un siécle entier suffise à peine à Noé pour construire l'asyle, qui doit le garantir de la destruction universelle ; la patience de Dieu de plus en plus provoquée par de nouvelles prévarications , ne se lassera pas. Les cataractes du ciel ne s'ouvriront qu'après que le Patriarche se sera mis à couvert des ravages du déluge. Le cri des abominations de cinq villes criminelles est monté jusqu'au ciel ; les feux vengeurs ne les réduiront en cendres qu'après que Loth se sera retiré à Segor :

jufque-là la puiffance de l'Ange exterminateur fera liée. Et au jour de la rétribution, lorfque le fouverain Juge des vivans & des morts rendra à chacun felon fes œuvres, il ne lancera l'arrêt de la malédiction éternelle fur les réprouvés, qu'après qu'ils auront été féparés d'avec les juftes. Nous vivons à l'ombre de leur protection, & nous méconnoiffons nos bienfaiteurs; nous les voyons s'éloigner, & nous ne fommes pas allarmés de leur abfence. La féparation du bon grain & de la paille, qui fe fera avec tant d'appareil à la confommation des fiécles, fe fait tous les jours, quoique d'une maniere infenfible, & nous ne nous en appercevons pas. Mais fi le Ciel & les déferts fe peuplent de juftes, que reftera-t-il bientôt dans le monde?

„ Le Seigneur a confidéré du *Pfalm.* 52.

» haut des cieux ; il a vû l'impiété
» débiter avec audace ses dogmes
» éxécrables ; la corruption des
» mœurs parvenue à son comble ;
» il a vû les desirs insensés des pé-
» cheurs , leurs injustices, leurs
» scandales ; il a éxaminé attenti-
» vement s'il ne découvriroit pas
» quelque juste caché dans cette
» foule de coupables, il n'en a pas
» trouvé un seul. D'où viendra
» donc notre salut ? qui nous ser-
» vira de médiateur ? »

Non , que nous prétendions que ces Solitaires fervens, que ces Vierges généreuses , qui se font exclus volontairement de la société, ne lui soient plus d'aucun secours. Ils la protégent par leurs priéres. Leurs vœux unanimes & persévé-rans font nuit & jour une sainte violence au Seigneur, & arrêtent les coups qu'il nous prépare.

Mais

Mais nous difons que leur préfence nous feroit plus avantageu-
fe, parce qu'outre qu'elle détour-
neroit plus furement les foudres du
ciel, elle nous procureroit encore
le fecours puiffant de leurs éxemples.

Il eft fur-tout une région éloignée du royaume des cieux, où
avec l'amour du monde & une
éternelle diffipation, régne l'oubli
de Dieu, des devoirs les plus fa-
crés, & l'ignorance de foi-même :
les adulateurs en ferment toutes les
avenues à la religion, elle ne peut
s'y introduire ni s'y maintenir qu'à
la faveur d'une fucceffion de juftes
que la Providence attentive & mi-
féricordieufe a foin de perpétuer :
leur miffion confifte moins à prê-
cher l'Evangile, qu'à le prouver
par leurs éxemples. Figurez-vous
Abraham au milieu des nations

infidéles ; dépositaire de la foi du
Messie, il empêche que cette tra-
dition sacrée ne s'altére parmi les
mœurs corrompues, & les folles
superstitions des Gentils ; étranger
en tous lieux, il fait un peuple à
part avec sa seule famille ; fidéle
au Dieu qui le conduit ; ici, il éter-
nise par des monumens durables le
souvenir des bienfaits qu'il en a
reçûs ; là, au premier ordre du
Ciel, il se dispose d'immoler son
fils Isaac, l'objet de ses complai-
sances : sans patrie, sans états, sans
autorité, sans armée, il est Con-
quérant ; il est plus que Souverain.
Les Rois implorent son secours, il
les venge, & il refuse leurs présens ;
Melchisedech, ce Prince de justice,
lui offre des dons mystérieux qu'il
accepte avec reconnoissance ; les
esprits célestes l'honorent de leurs
visites. Le Seigneur même ne dé-

daigne pas de se manifester à lui.
Abraham est une énigme incompréhensible qui fait l'étonnement
& l'occupation de l'Univers. A
ces traits reconnoissez le Juste
qu'une vocation expresse appelle
à la Cour ; chargé du ministere
sublime d'y représenter la Religion , il n'est occupé que de la
grandeur de sa destination ; les tentations les plus délicates ne peuvent le séduire , l'éclat des dignités
ne sçauroit l'éblouir ; son commerce avec les hommes n'interrompt
pas son commerce avec Dieu ;
tantôt prosterné aux pieds des Autels, où il adore la majesté du Tout-
puissant , tantôt debout devant le
thrône des Rois , où il est l'organe
de la vérité , tantôt assis à la table
sacrée , où il se nourrit du pain des
Anges , dissipé en apparence , recueilli en lui-même , plus touché

des promesses de la foi que des fortunes périssables , plutôt sujet que courtisan , ami , jamais flatteur , toujours Chrétien.

Un Chrétien à la Cour est un être d'une espéce toute particuliére qu'il est difficile de définir ; il n'appartient ni au tems , puisqu'il travaille sans cesse à s'en détacher , ni à l'éternité , puisqu'il n'en jouit pas encore ; & il tient cependant à l'un & à l'autre. Homme du tems , il remplit exactement tous ses devoirs ; sujet zelé , il consacre ses soins & ses services au Prince ; époux fidele , il respecte religieusement les saints nœuds qui le lient; pere attentif , il transmet ses vertus à ses enfans ; protecteur généreux , il garantit les foibles de l'oppression des puissans ; riche , compatissant & libéral , il soulage l'indigence, il répare les miseres ; homme de l'éternité, il relève, il sanctifie toutes ses actions par la noblesse & par la pureté des motifs qu'il se propose ; il voit Dieu dans tout & partout, & il ne voit que Dieu ; homme du tems, les ennemis du salut l'investissent, des tentations sans nombre l'assiégent, les objets séducteurs le sollicitent au crime, tout menace son innocence ; homme de l'éternité, il se défie de ses propres forces, il marche avec circonspection, il se couvre du bouclier impénétrable de la foi, il se soutient, il se défend par ses prieres & par ses espérances ; homme du tems, les maladies affligent son corps, la calomnie ternit sa réputation, l'envie traverse ses succès, l'injustice le dépouille de ses biens, des revers abbatent sa fortune, il gémit dans le creuset des tribulations; homme de l'éternité, il sçait que ces épreuves sont passagères; il contemple la couronne de gloire qui l'attend, il joüit par avance de la moisson inestimable qu'il doit un jour recueillir; homme du tems, la Cour lui paroît un lieu de contrainte & de bannissement, il en redoute les dangers, il en méprise les honneurs, il en déplore la servitude & l'aveuglement; homme de l'éternité, il soupire avec Saint Paul après la destruction du vase d'argile qui l'attache à cette demeure terrestre, il place son trésor dans les tabernacles éternels, il y laisse son cœur; homme du tems & de l'éternité tout ensemble, comme ces Anges que Jacob vit en songe, lesquels montoient sans cesse sur l'échelle mystérieuse, & sans cesse en redescendoient, il vole au Ciel par besoin, il revient sur la terre

par devoir ; il revole au Ciel par
amour, il retourne fur la terre len-
tement, à regret, & par pure né-
ceffité. Or quelle impreffion ne doit
pas faire dans le palais des Rois ce
myftere de juftice, qui roule parmi
tant de myfteres d'iniquité : de pa-
reils exemples ne font-ils pas plus
touchans, plus perfuafifs que les
exhortations les plus convainçan-
tes & les plus pathétiques ? C'eft la
vertu elle-même qui s'accommode
à la légereté des courtifans, qui fe
met fous leurs yeux, qui confond
d'une maniere invincible les pré-
textes dont ils fe fervent pour au-
torifer leurs égaremens, qui ména-
ge leur délicateffe, qui les inftruit
par des actions, qui les reprend
par fa conduite, qui leur préfente
dans la réalité & fous un même
point de vûe, les rigueurs de la Loi
& fes confolations, les abbaiffe-

mens de l'humilité, & l'élévation des sentimens, le triomphe des paſſions & la liberté du cœur, les ténébres de la foi & les lumieres de l'eſprit, la ſoumiſſion parfaite aux volontés de Dieu & la ſouveraine indépendance. C'eſt la grace elle-même devenue vivante & ſenſible, qui mille fois étouffée dans leur cœur, les attaque au dehors, qui les ſuit en tous lieux, qui les étonne, qui les intimide : car tel eſt l'empire de la piété, elle n'eſt nulle part plus combattue, & nulle part plus reſpectée qu'à la Cour. C'eſt-là où elle jouit véritablement de tous ſes privileges ; elle y eſt plus frapante, parce qu'elle y eſt plus rare ; elle y eſt plus pure, parce qu'elle eſt plus éprouvée ; elle y eſt plus noble, parce qu'elle fait de plus grands ſacrifices ; elle y eſt plus conſtante, parce qu'elle connoît mieux la fauſſeté des hommes & la vanité du monde ; elle y eſt plus utile , parce qu'elle eſt le ſeul frein capable de contenir les partiſans du ſiécle.

En effet , le juſte eſt preſque l'unique ſanctuaire où la Religion reçoive les hommages des courtiſans ; ils la blaſphément dans ſes myſteres , ils la combattent dans ſes dogmes , ils l'outragent dans ſa morale, ils la négligent dans ſon culte , ils la profanent dans ſes Sacremens , ils la dédaignent dans ſes inſtructions , ils lui réſiſtent dans ſes graces ; ils ne peuvent ſe défendre de l'honorer, lorſqu'elle ſe rend viſible ſous la forme d'un Chrétien fidéle , & pénétré de ſon eſprit & de ſa divinité. Qu'un juſte paroiſſe dans ces cercles qu'animent l'enjoûment, la médiſance , la calomnie & l'irréligion ; à ſon aſpect les diſcours commencés ſont inter-

rompus, une modeste retenue suc-
cède à la licence, les remors assou-
pis se réveillent, les terreurs du
Christianisme se font sentir aux
cœurs les plus endurcis, les impies
même deviennent hypocrites, le
vice déconcerté se trouve contraint
de céder à l'ascendant impérieux
de la vertu qui le condamne; &
tous les assistans sont devant le ser-
viteur de Dieu, tels que des crimi-
nels tremblans à la vue d'un juge
dont ils redoutent la présence.
Ainsi à l'absence de Moïse les
Israélites éclatent en murmures
contre leur conducteur, ils oublient
le Dieu qu'avoient adoré leurs
peres, ils demandent des divinités étrangeres, un veau d'or est
l'objet de leurs adorations, ils célé-
brent leur infidélité par des chants
tumultueux & par des danses insen-
sées; Moïse se montre, une frayeur

foudaine s'empare de tous les ef-
prits, les Hébreux confternés gar-
dent un morne filence, ils ont honte d'eux-mêmes & de leur idole ;
& ces prévaricateurs audacieux,
qui n'avoient pas craint d'irriter la
colere du Tout-puiffant, n'ofent
foutenir l'approche & les regards
de fon Miniftre.

Vous nous demanderez peut-être
pourquoi, de ces juftes qui contri-
buent fi efficacement à la confer-
vation & à l'édification du monde,
Dieu en moiffonne quelques uns
au printems de leur âge, & en cache plufieurs dans la retraite ; n'en
cherchez pas d'autre raifon que le
déréglement de vos mœurs. Ils ont
été enlevés, dit l'Efprit faint, de
peur que la malice des hommes ne
corrompît leur vertu. Plus l'iniquité fait de progrès, & plus Dieu fe
hâte de raffembler fes élus ; il les

récompenſe & il vous punît. De-
voit-il donc les expoſer inutilement
à des attaques continuelles ? Leur
deſtinée ſeroit trop malheureuſe ſi
avec les amertumes & les épreuves
inſéparables de la piété , ils eſ-
ſuyoient encore les contradictions
& les dangers du monde. « Non ,
» non , dit le Seigneur , je ne per-
» mettrai pas que mes ſerviteurs
» ſoient opprimés , leur affliction
» m'eſt connue , je les vois gémir
» depuis long - tems ſous les far-
» deaux dont l'Egypte les accable;
» qu'ils partent , qu'ils s'éloignent,
» qu'ils aillent au déſert m'offrir en
» liberté leurs ſacrifices ; j'y répan-
» drai ſur eux l'abondance de mes
» bénédictions. »

Que les tems ſont changés ! à la
naiſſance de l'Egliſe la ſolitude eut
été pernicieuſe aux fidéles , ils pui-
ſoient de nouvelles forces dans leur

commerce mutuel; une sainte émulation ranimoit leur ferveur; leurs prieres réunies s'élevoient telles qu'un parfum agréable jusqu'au thrône de l'Eternel; leurs conversations avoient je ne sçai quoi de céleste, leurs banquets ne respiroient que charité; les forts soutenoient les foibles; les vertus étoient communes entr'eux, ainsi que les biens temporels. Le feu de la persécution s'allumoit-il, ils se réfugioient ensemble dans des cavernes profondes: étoient-ils découverts, ils confessoient ensemble la foi de Jesus-Christ à la face des Tyrans & à la vue des échafaux, l'union des Chrétiens en faisoit comme une armée formidable aux puissances de l'abyfme. A peine les persécutions sanglantes eurent cessé, que la paix amena le relâchement, le relâchement produisit la molleſſe, la molleſſe inſpira l'amour des richeſſes & des plaiſirs, & l'amour des richeſſes & des plaiſirs ouvrit la porte à tous les déſordres. On avoit vû le Chriſtianiſme s'enrichir des dépouilles de la Gentilité, dont il avoit triomphé pleinement ; on vit dans le ſein du Chriſtianiſme reparoître peu à peu le fantôme du Paganiſme avec ſes erreurs, avec ſes vices, avec ſes théâtres, avec ſes fauſſes divinités ; la Religion ne regna plus que dans ſes Temples ; la décence & la pudeur furent bannies des mœurs ; on parla bien-tôt le langage des fictions & du dé-guiſement ; les maximes du monde prévalurent inſenſiblement ſur la morale de l'Evangile ; les libertins & les impies prirent la place des Tyrans, & les Chrétiens n'eurent pas d'ennemis plus dangereux que les Chrétiens mêmes ; alors il fallut se précautionner contre les tentations domestiques; la piété tremblante fut contrainte de s'exiler pour se sauver de la séduction générale; elle n'emporta dans sa fuite précipitée que sa foi & ses espérances. Malheur donc à vous, qui vous êtes rendus indignes de communiquer avec les Saints; malheur à vous, qui forcez les Saints de mettre entre eux & vous un mur impénétrable de division; malheur à vous, si vous êtes insensible à la désertion des Saints. Que la cérémonie de ce jour excite du moins vos regrets & vos craintes. Cette lumiere si vive va s'éteindre pour vous dans les ténébres du Cloître; elle ne brillera désormais qu'aux yeux des Anges & de ces Epouses de Jesus-Christ. Ah! profitez du dernier éclat qu'elle jette en disparoissant; il éclaire tous les secrets qui ont été jusqu'ici entre Dieu & cette ame favorisée ; son immolation est l'abrégé de sa vie, & la manifestation des richesses de la grace & des sentimens de son cœur. Vous avez accompagné cette héroïne de la religion sur la sainte Montagne, comme autrefois Elisée suivit son maître Elie aux bords du Jourdain ; est-ce dans la vûe d'y recueillir son double esprit, cet esprit de mépris pour les avantages du siécle, & de desir pour les récompenses de l'éternité ? n'est-ce pas plutôt une vaine curiosité & le torrent du monde qui vous aménent en ce Temple ? Semblables à ces peuples dont parle Isaïe, vous entendez, & vous ne comprenez pas ; vous voyez, & vous ne réfléchissez pas : au lieu de changer les châtimens du ciel en des remédes salutaires, vous en faites un

spectacle

spectacle d'amusement, ou le sujet
d'une compassion stérile, & d'une
censure sacrilége.

De cette foule de spectateurs qui
vous environnent, MA CHERE
SŒUR, la plupart blâment votre
fermeté ; ils trouvent de l'excès,
disons tout, & de la bizarrerie dans
votre renoncement absolu ; ils ont
la témérité de vouloir assujettir les
conseils de la Sagesse éternelle à
leurs propres idées. D'autres aussi
aveugles vous plaignent ; ils regar-
dent le plus beau jour de votre vie,
comme un jour de consternation
& de deuil ; cette retraite , comme
un tombeau ; cette cérémonie ,
comme une pompe funébre ; &
vous-même comme une victime
qu'on a pris soin d'orner pour em-
bellir l'appareil du sacrifice : quelques - uns , & c'est le plus petit
nombre, adorent en secret les mer-

veilles que le Seigneur opére dans
vous, le béniffent, envient votre
deftinée, & gémiffent fur leur con-
dition périlleufe & vraiment dé-
plorable. Eh ! que vous importent
les cenfures, les regrets, les ap-
plaudiffemens des hommes ! Dieu
parle, vous n'écoutez que lui feul ;
il commande, vous obéiffez : vous
touchez enfin au moment fouhaité
avec tant d'ardeur, obtenu avec
tant de peine, attendu avec tant
d'impatience ; les difficultés fe font
heureufement applanies ; le tems
même de votre attente s'eft tout à
coup abrégé au gré de vos fou-
haits ; vous devez encore aux bon-
tés longtems éprouvées d'une Reine
augufte & pieufe, l'anticipation &
l'accompliffement de votre bonheur. Recevez de fes mains ce
voile facré, fymbole du voile que
l'on plaçoit au-devant du Sanctuai-

re; de tous les dons que la magnificence royale peut prodiguer,
c'est le seul qui touche votre ame;
il va fermer éternellement vos
yeux à l'enchantement & aux
prestiges du siécle. Jettez aupara-
vant un dernier regard sur le monde que vous abandonnez; du port
assuré où vous êtes, considérez
les anciens compagnons de vo-
voyage, entourés d'ennemis
bles & invisibles, errer à la mer
des flots soulevés par les tempêtes
étendez vos mains vers le ciel tandis qu'ils combattent, ils sont bien
dignes de votre compassion, de
vos vœux & de vos priéres. A votre entrée dans le désert, nous
avons chanté avec les hommes le
Cantique de Moïse; après le tems
d'épreuve, nous chanterons avec
les Anges le Cantique de l'Agneau;
nous célébrerons les nôces de l'E-

pouse fidéle & du divin Epoux; nos discours s'annobliront de la grandeur du sujet ; nous aurons la consolation de parler le langage des parfaits dans l'assemblée des Saints.

Seigneur , quelqu'autre châtiment que vous nous envoyiez, nous l'accepterons avec résignation, parce qu'il pourra nous être avantageux, & même nécessaire ; mais , nous vous en conjurons, faites que ce modéle tout accompli qu'il est ne soit pas imité. N'enlevez plus du milieu de nous les ames constamment exercées & toujours persévérantes ; conservez-nous la ressource de leur protection & de leurs exemples : si elles redoutent le déluge de la contagion des mœurs, qu'elles viennent chercher un asyle passager dans cette arche salutaire, & qu'elles en sortent de

tems en tems comme la Colombe ;
nous avons besoin d'être édifiés,
encouragés, excités ; laissez les juftes parmi nous ; leur préfence sera
la cenfure muette & senfible de
notre conduite ; en les voyant nous
rougirons de la dépravation de
notre cœur ; nous serons forcés de
les eftimer, de les respecter ; de
l'eftime & du respect pour leur
personne, nous passerons à l'imi-
tation de leurs vertus ; par-là nous
mériterons d'être du nombre de
vos Disciples, & de participer à
la récompenfe deftinée à vos élus.
Je vous la souhaite, mes très-chers
Freres, Au nom du Pere, & du
Fils, & du Saint Esprit. Ainfi soit-il.

FIN.

APPROBATION.

J'Ai lû par ordre de Monseigneur le Chancelier, un Manuscrit qui a pour titre : *Discours sur la prise d'Habit de Madame la Comtesse de Rupelmonde aux Carmelites.* Une maladie n'ayant pas permis à l'Auteur de prononcer ce Discours, on a voulu y suppléer par l'impression ; & je crois que la lecture n'en sera pas moins agréable à ceux qui aiment l'éloquence, qu'utile aux personnes qui cherchent principalement à s'édifier. À Paris, ce 7 Mars 1752.

Signé, MILLET.

www.ingramcontent.com/pod-product-compliance
Ingram Content Group UK Ltd.
Pitfield, Milton Keynes, MK11 3LW, UK
UKHW021110140726